Impressum
Verlag: BABADADA GmbH, Nedderfeld 112 , 22529 Hamburg
Geschäftsführer / Verlagsleitung: Harald Hof
Druck: Books on Demand GmbH, In de Tarpen 42, 22848 Norderstedt

Imprint
Publisher: BABADADA GmbH, Nedderfeld 112 , 22529 Hamburg, Germany
Managing Director / Publishing direction: Harald Hof
Print: Books on Demand GmbH, In de Tarpen 42, 22848 Norderstedt, Germany

skool

школа

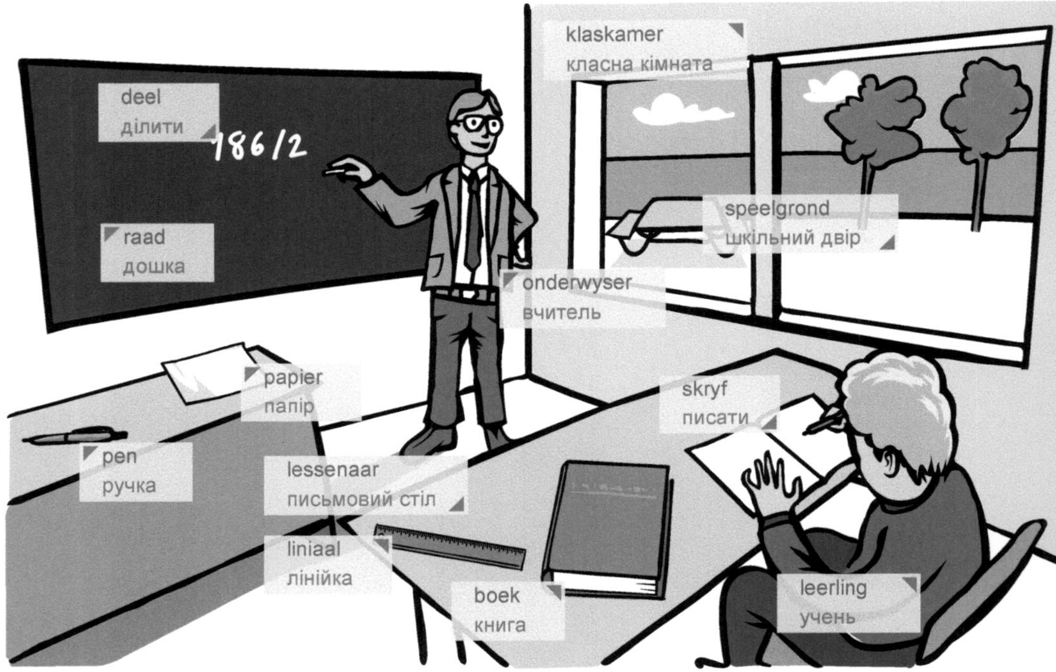
klaskamer
класна кімната
deel
ділити
186/2
raad
дошка
speelgrond
шкільний двір
onderwyser
вчитель
papier
папір
skryf
писати
pen
ручка
lessenaar
письмовий стіл
liniaal
лінійка
boek
книга
leerling
учень

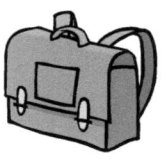

skooltas
ранець

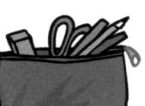

potloodhouer
пенал

potlood
олівець

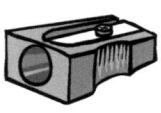

skerpmaker
точило

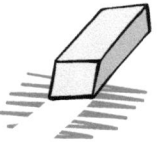

rubber
гумка

tekenblok
альбом для малювання

tekening

малюнок

verfkwas

пензель

verfoppervlak

коробка фарб

skêr

ножиці

gom

клей

oefenboek

зошит

huiswerk

домашнє завдання

aantal

число

optel

додавати

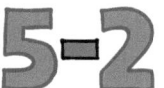

aftrek

віднімати

maal

множити

bereken

рахувати

brief

літера

alaphabet

абетка

woord

слово

teks

текст

lees

читати

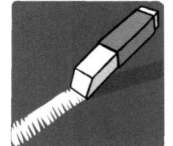

kryt

крейда

les

година

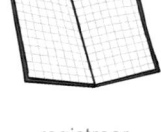

registreer

класний журнал

eksamen

екзамен

sertifikaat

диплом

skooluniform

шкільна форма

onderwys

освіта

ensiklopedie

лексикон

universiteit

університет

mikroskoop

мікроскоп

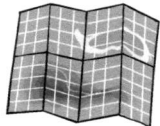

kaart

карта

vullisdrom

кошик для паперу

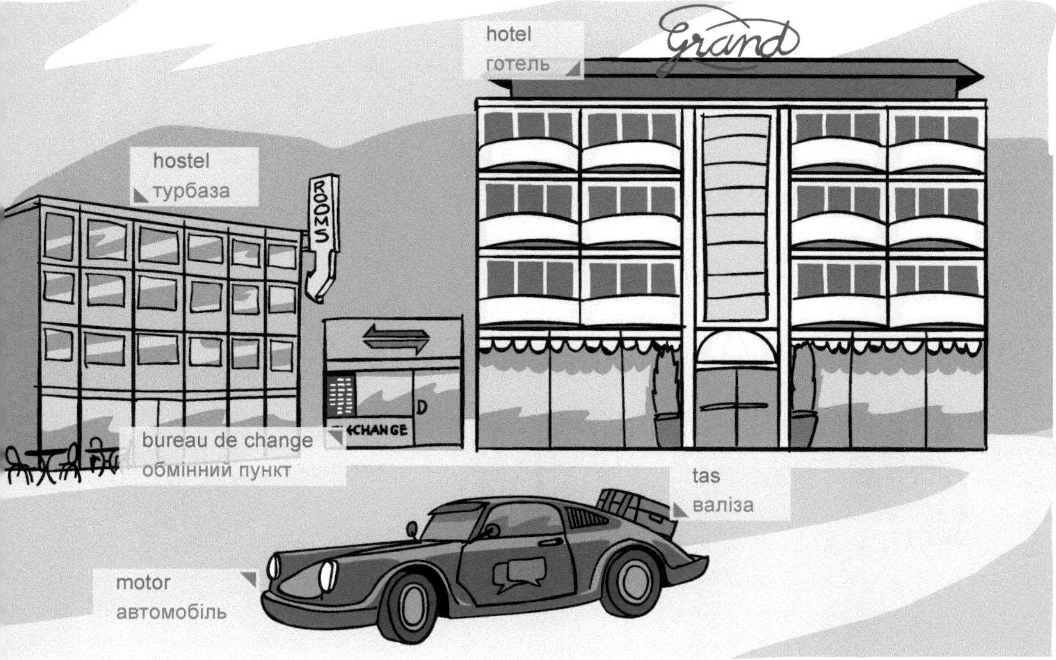

hotel
готель
Grand
hostel
турбаза
ROOMS
bureau de change
обмінний пункт
EXCHANGE
tas
валіза
motor
автомобіль

taal

мова

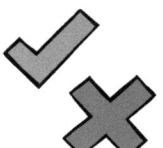

ja / nee

так / ні

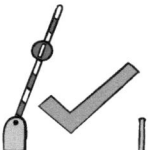

Goed

добре

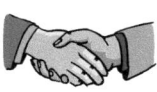

hallo

привіт

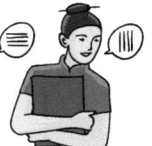

vertaler

перекладач

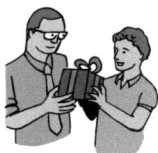

Dankie

дякую

hoeveel is...?

Скільки коштує ...?

Ek verstaan nie

Я не розумію

probleem

проблема

Goeie naand!

Добрий вечір!

Goeie môre!

Доброго ранку!

Goeie nag!

На добраніч!

totsiens

До побачення

rigting

напрямок

bagasie

багаж

sak

сумка

rugsak

рюкзак

gas

гість

kamer

кімната

slaapsak

спальний мішок

tent

намет

toeriste-inligting

туристична інформація

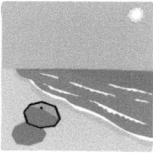

strand

пляж

kredietkaart

кредитна картка

ontbyt

сніданок

middagete

обід

aandete

вечеря

kaartjie

квиток

hysbak

ліфт

posseël

поштова марка

grens

межа

doeane

митниця

ambassade

посольство

visum

віза

paspoort

паспорт

vervoer

транспорт

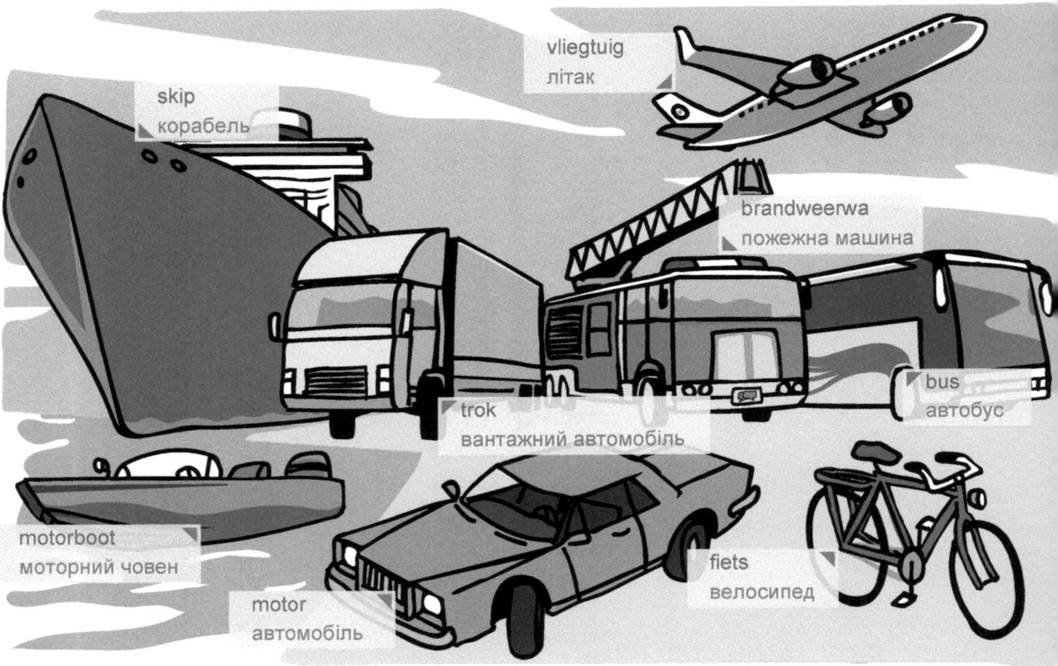
vliegtuig
літак
skip
корабель
brandweerwa
пожежна машина
bus
автобус
trok
вантажний автомобіль
motorboot
моторний човен
fiets
велосипед
motor
автомобіль

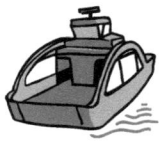

veerboot

пором

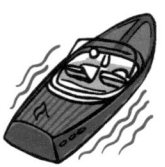

boot

човен

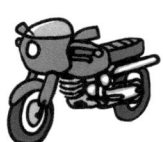

motorfiets

мотоцикл

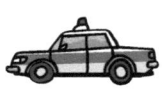

polisiemotor

поліцейська машина

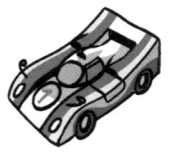

renmotor

гоночний автомобіль

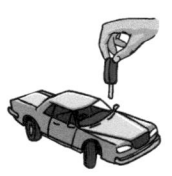

huurmotor

автомобіль на прокат

car-sharing

спільне користування авто

insleepvoertuig

евакуатор

vullisverwydering

сміттєвоз

enjin

двигун

brandstof

паливо

vulstasie

автозаправна станція

verkeersteken

дорожній знак

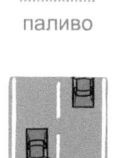

verkeer

рух

verkeersknoop

затор

parkeerplek

стоянка

stasie

вокзал

spore

рейки

trein

потяг

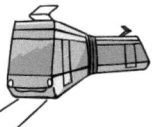

tram

трамвай

wa

вагон

helikopter
гелікоптер

lughawe
аеропорт

toring
вежа

passasier
пасажир

houer
контейнер

karton
коробка

karretjie
візок

mandjie
кошик

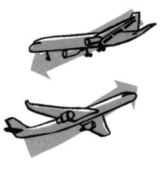

opstyg / land
стартувати / приземлятися

stad

місто

dorpie
село

middestad
центр міста

huis
дім

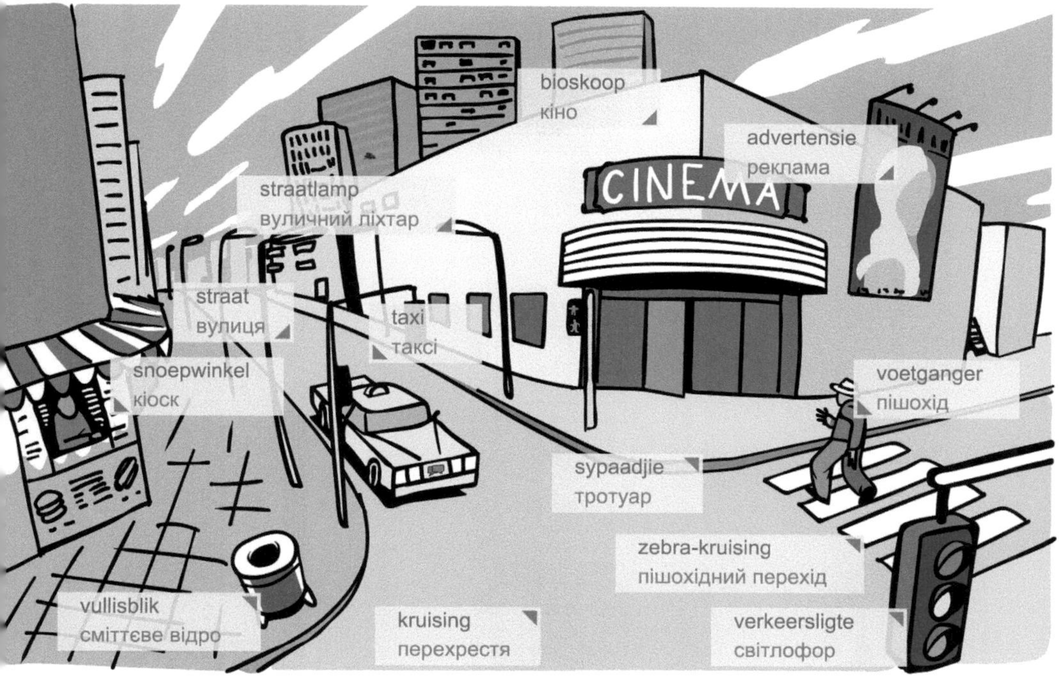

bioskoop
кіно

advertensie
реклама

straatlamp
вуличний ліхтар

CINEMA

straat
вулиця

taxi
таксі

snoepwinkel
кіоск

voetganger
пішохід

sypaadjie
тротуар

zebra-kruising
пішохідний перехід

vullisblik
сміттєве відро

kruising
перехрестя

verkeersligte
світлофор

hut

хатина

woonstel

квартира

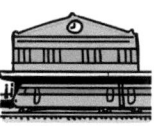

stasie

вокзал

stadsaal

ратуша

museum

музей

skool

школа

stad - місто

universiteit

університет

bank

банк

hospitaal

лікарня

hotel

готель

apteek

аптека

kantoor

офіс

boekwinkel

книжковий магазин

winkel

магазин

bloemis

квітковий магазин

supermark

супермаркет

mark

ринок

handelshuis

універмаг

viswinkel

торговець рибою

inkopiesentrum

торговельний центр

hawe

гавань

park

парк

bankie

лава

brug

міст

trappe

сходи

moltrein

метро

tonnel

тунель

bushalte

автобусна зупинка

kroeg

бар

restaurant

ресторан

posbus

поштова скринька

straatnaambord

вулична табличка

parkeermeter

лічильник паркування

dieretuin

зоопарк

swembad

басейн

moskee

мечеть

stad - місто

plaas

ферма

besoedeling

забруднення навколишнього середовища

begraafplaas

кладовище

kerk

церква

speelgrond

дитячий майданчик

tempel

храм

landskap
ландшафт

blaar
листок

padwyser
вказівний стовп

pad
шлях

weiland
луг

klip
камінь

boom
дерево

voetslaner
мандрівник

rivier
річка

gras
трава

blom
квітка

vallei

долина

heuwel

гора

meer

озеро

bos

ліс

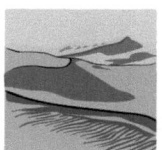

woestyn

пустеля

vulkaan

вулкан

kasteel

замок

reënboog

веселка

sampioen

гриб

palmboom

пальма

muskiet

комар

vlieg

муха

mier

мурашка

by

бджола

spinnekop

павук

miskruier

жук

padda

жаба

eekhoring

вивірка

krimpvarkie

їжак

haas

заєць

uil

сова

voël

птах

swaan

лебідь

wildevark

кабан

takbok

олень

elk

лось

opgaardam

гребля

windturbine

вітряк

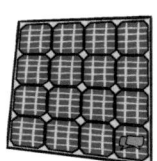

sonpaneel

сонячний модуль

klimaat

клімат

restaurant

ресторан

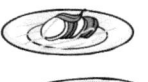

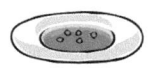

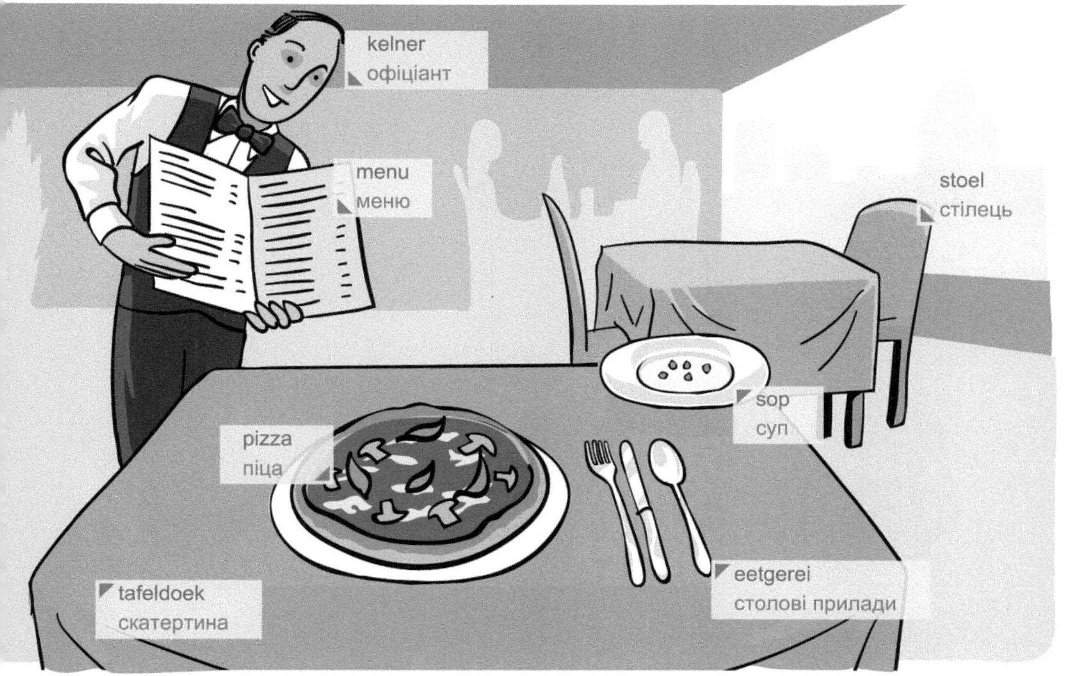

kelner
офіціант
menu
меню
stoel
стілець
sop
суп
pizza
піца
eetgerei
столові прилади
tafeldoek
скатертина

voorgereg

закуска

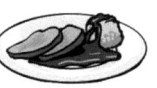

hoofgereg

друга страва

nagereg

десерт

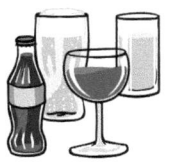

drankies

напої

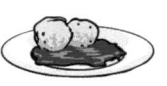

kos

їжа

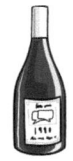

bottel

пляшка

kitskos

фаст-фуд

straatkos

вулична їжа

teepot

чайник

suikerverpakking

цукорниця

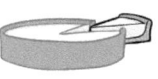

porsie

порція

espresso masjien

еспресо-машина

hoë stoel

високий стільчик

rekening

рахунок

skinkbord

піднос

mes

ніж

vurk

вилка

lepel

ложка

teelepel

чайна ложка

servet

серветка

glas

склянка

gereg

тарілка

sopbakkie

тарілка для супу

piering

блюдце

sous

соус

soutpot

солонка

pepermeul

млин для перцю

asyn

оцет

olie

масло

speserye

спеції

tamatiesous

кетчуп

mosterd

гірчиця

mayonaise

майонез

supermark
супермаркет

spesiale aanbieding
пропозиція
FOR
kliënt
клієнт
suiwelprodukte
молочні продукти
vrugte
фрукти
trollie
візок для покупок

BUTCHERS

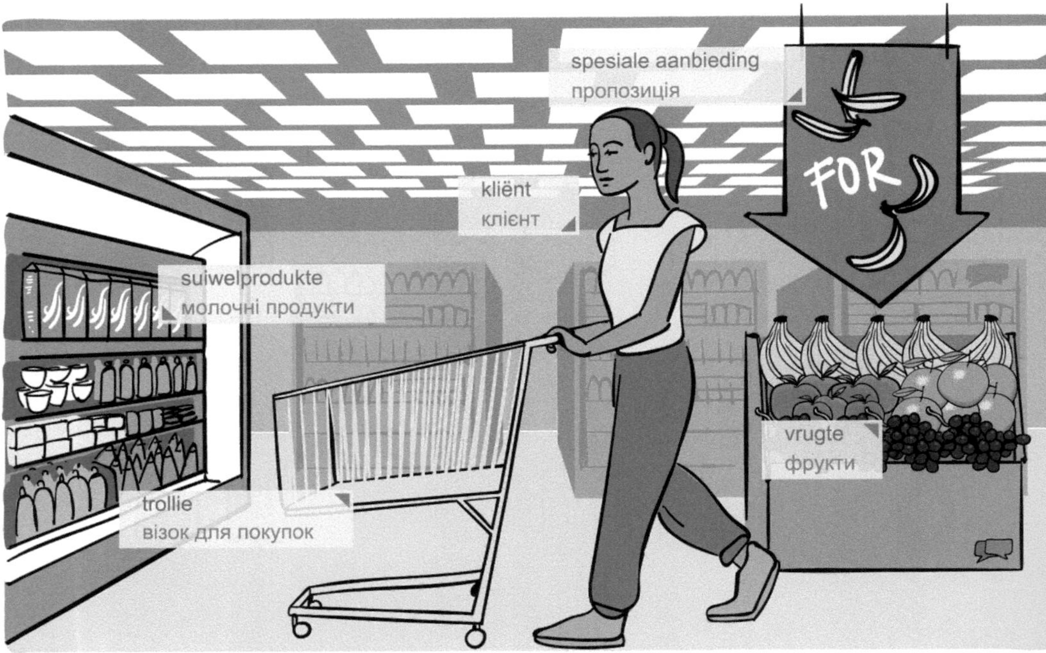

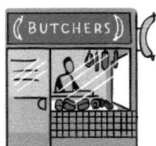

slaghuis

м'ясний магазин

BAKERY

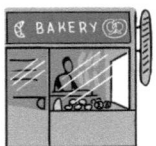

bakkery

пекарня

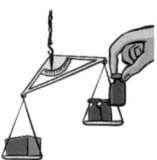

weeg

зважувати

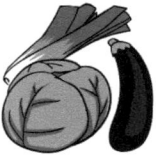

groente

овочі

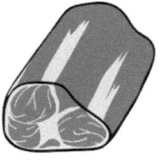

vleis

м'ясо

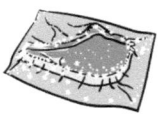

bevrore voedsel

заморожені продукти

kouevleis

ковбасна нарізка

blikkieskos

консерви

waspoeier

пральний порошок

lekkers

солодощі

huishoudelike produkte

предмети домашнього побуту

skoonmaakprodukte

мийний засіб

verkoopsvrou

продавщиця

kasregister

каса

kassier

касир

inkopielys

список покупок

besigheidsure

часи роботи

beursie

гаманець

kredietkaart

кредитна картка

sak

сумка

plastieksak

поліетиленовий пакет

---

supermark - супермаркет

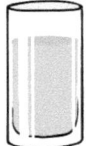

water

вода

sap

сік

melk

молоко

coke

кола

wyn

вино

bier

пиво

alkohol

алкоголь

kakao

какао

tee

чай

koffie

кава

espresso

еспресо

cappuccino

капучіно

piesang

банан

appel

яблуко

lemoen

апельсин

waatlemoen

кавун

suurlemoen

лимон

wortel

морква

knoffel

часник

bamboes

бамбук

ui

цибуля

sampioen

гриб

neute

горішки

noedels

локшина

spaghetti

спагеті

rys

рис

slaai

салат

aartappelskyfies

картопля фрі

gebraaide aartappels

смажена картопля

pizza

піца

hamburger

гамбургер

toebroodjie

бутерброд

kotelet

шніцель

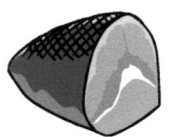

ham

шинка

salami

салямі

wors

ковбаса

hoender

курка

braaivleis

печеня

vis

риба

hawermoutflokkies

вівсяні пластівці

muesli

мюслі

graanvlokkies

кукурудзяні пластівці

meel

борошно

croissant

круасан

broodrolletjie

булочка

brood

хліб

roosterbrood

тостовий хліб

koekies

печиво

botter

масло

dikmelk

сир

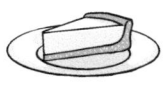

koek

пиріг

eier

яйце

gebraaide eier

яєчня

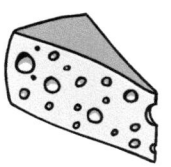

kaas

сир

roomys

морозиво

suiker

цукор

heuning

мед

konfyt

мармелад

nougat-smeer

нуга-крем

kerrie

карі

plaas

ферма

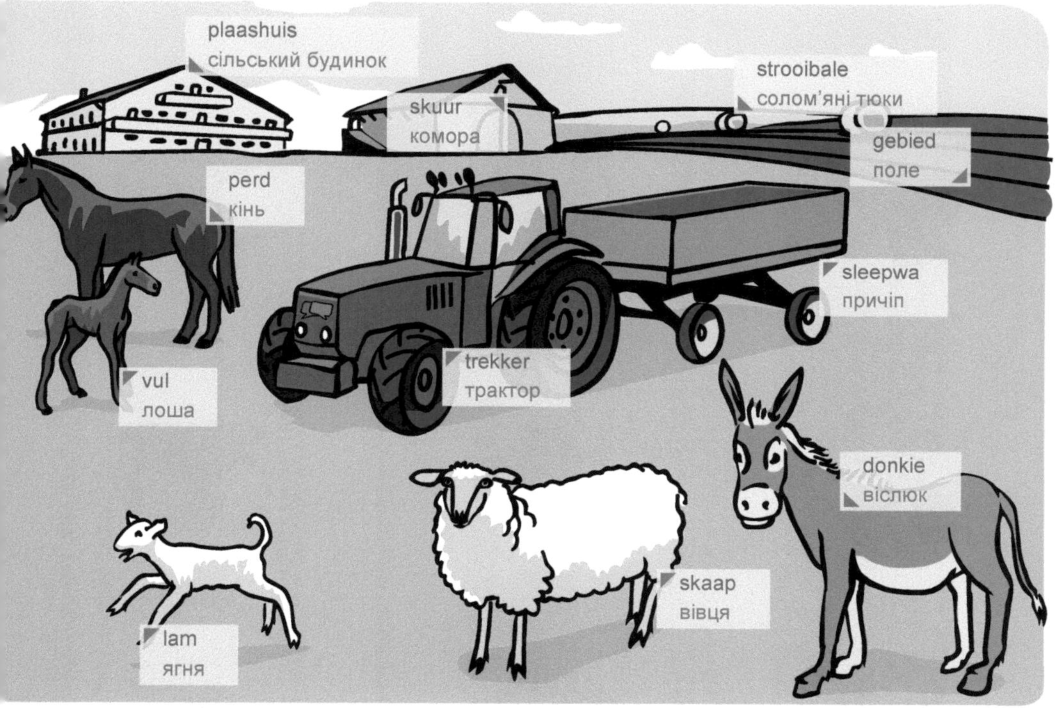

plaashuis
сільський будинок
strooibale
солом'яні тюки
skuur
комора
gebied
поле
perd
кінь
sleepwa
причіп
trekker
трактор
vul
лоша
donkie
віслюк
skaap
вівця
lam
ягня

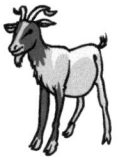

bok

коза

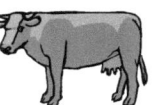

koei

корова

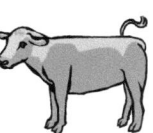

kalf

теля

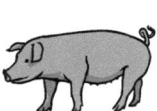

vark

свиня

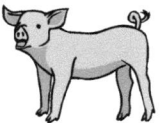

varkie

порося

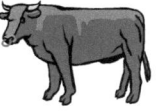

bul

бик

gans

гусак

eend

качка

kuiken

курча

hen

курка

haan

півень

rot

щур

kat

кіт

muis

миша

os

віл

hond

собака

hondehok

собача будка

tuinslang

садовий шланг

gieter

лійка

sens

коса

ploeg

плуг

sekel

серп

skoffel

мотика

gaffel

вила

byl

сокира

kruiwa

тачка

trog

корито

melkkan

бідон молока

sak

мішок

heining

паркан

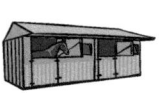

stal

хлів

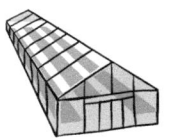

kweekhuis

теплиця

grond

ґрунт

saad

насіння

kunsmis

добриво

stroper

комбайн

oes

пожинати

oes

урожай

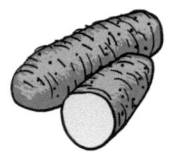

yam

корінь ямсу

koring

пшениця

soja

соя

aartappel

картопля

koring

кукурудза

raapsaad

ріпак

vrugteboom

плодове дерево

broodwortel

маніок

graan

злаки

huis
дім

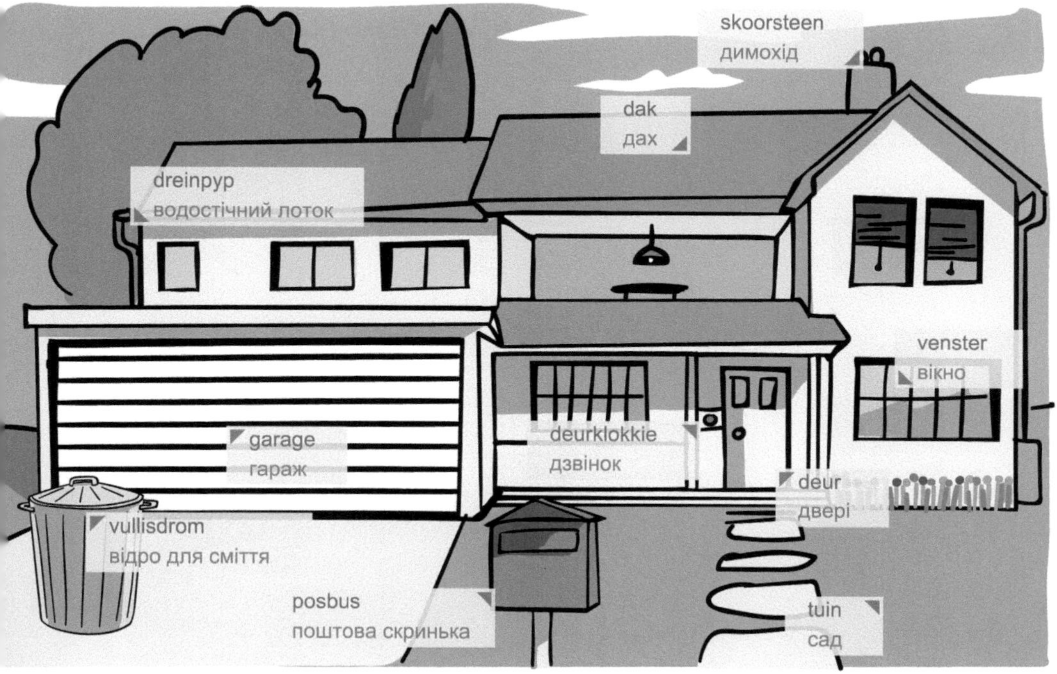
skoorsteen
димохід
dak
дах
dreinpyp
водостічний лоток
venster
вікно
garage
гараж
deurklokkie
дзвінок
deur
двері
vullisdrom
відро для сміття
posbus
поштова скринька
tuin
сад

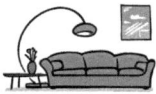

woonkamer

вітальня

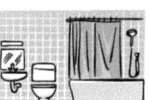

badkamer

ванна кімната

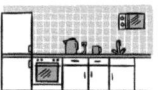

kombuis

кухня

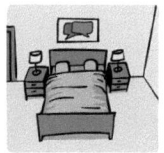

slaapkamer

спальня

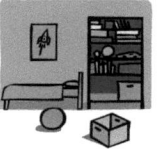

kinderkamer

дитяча кімната

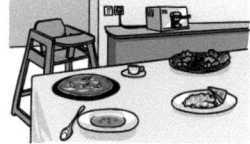

eetkamer

їдальня

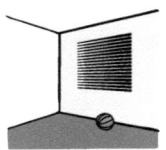

vloer

підлога

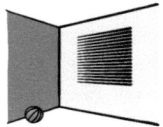

muur

стіна

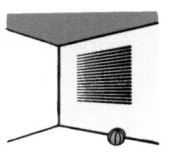

plafon

стеля

kelder

підвал

sauna

сауна

balkon

балкон

terras

тераса

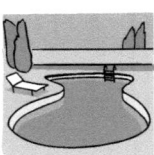

swembad

басейн

grassnyer

косарка

beddegoedoortreksel

простирало

deken

ковдра

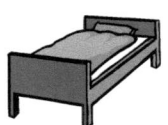

bed

ліжко

besem

мітла

emmer

відро

skakelaar

перемикач

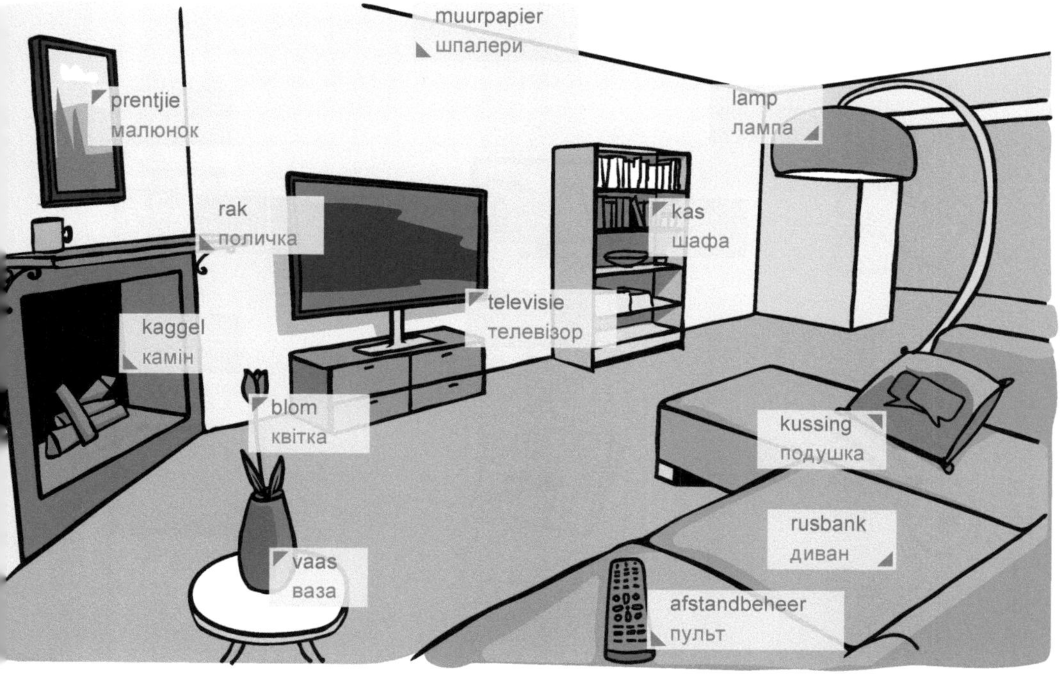

muurpapier
шпалери

prentjie
малюнок

lamp
лампа

rak
поличка

kas
шафа

kaggel
камін

televisie
телевізор

blom
квітка

kussing
подушка

vaas
ваза

rusbank
диван

afstandbeheer
пульт

mat

килим

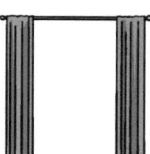

gordyn

завіса

tafel

стіл

stoel

стілець

wiegstoel

крісло-гойдалка

leunstoel

крісло

boek

книга

kombers

ковдра

versiering

прикраса

vuurmaakhout

дрова

film

фільм

hoëtroustel

стереосистема

sleutel

ключ

koerant

газета

skildery

картина

plakkaat

плакат

radio

радіо

notaboekie

блокнот

stofsuier

пилосос

kaktus

кактус

kers

свічка

kombuis
кухня

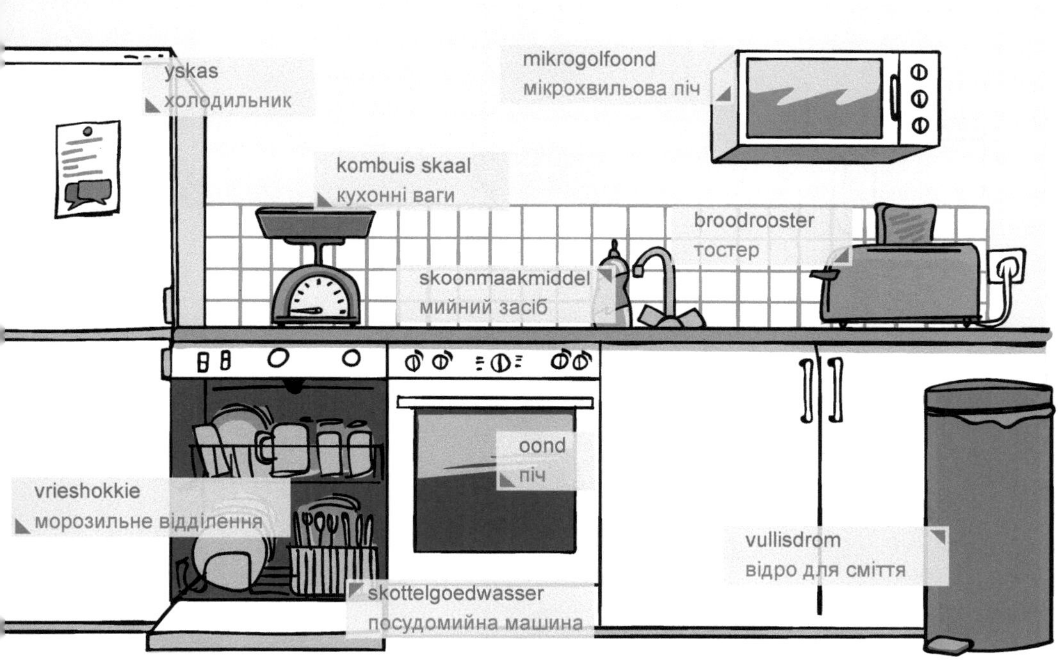
yskas
холодильник
mikrogolfoond
мікрохвильова піч
kombuis skaal
кухонні ваги
broodrooster
тостер
skoonmaakmiddel
мийний засіб
oond
піч
vrieshokkie
морозильне відділення
vullisdrom
відро для сміття
skottelgoedwasser
посудомийна машина

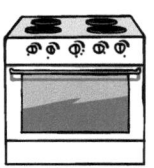

drukkoker

плита

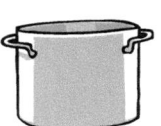

pot

горщик

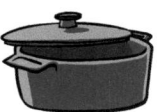

ysterpot

чавунний горщик

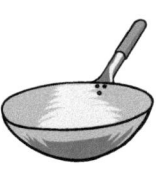

wok / kadai

вок / кадай

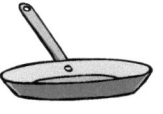

pan

сковорода

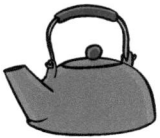

ketel

чайник

stoomkoker

пароварка

bakplaat

лист

breekware

посуд

beker

кухоль

bak

чаша

eetstokkie

палички для їжі

skeplepel

черпак

spatel

лопатка

klitser

вінчик для збивання

sif

сито

sif

сито

rasper

терка

vysel

ступка

braai

барбекю

oop vuur

багаття

broodplank

дошка

koekroller

качалка

kurktrekker

штопор

kan

конзерва

blikoopmaker

відкривачка

vatlap

прихватки

opwasbak

раковина

borsel

щітка

spons

губка

menger

міксер

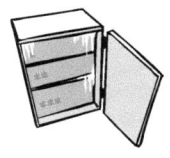

vrieskas

морозильна камера

bababottel

дитяча пляшка

kraan

кран

badkamer

ванна кімната

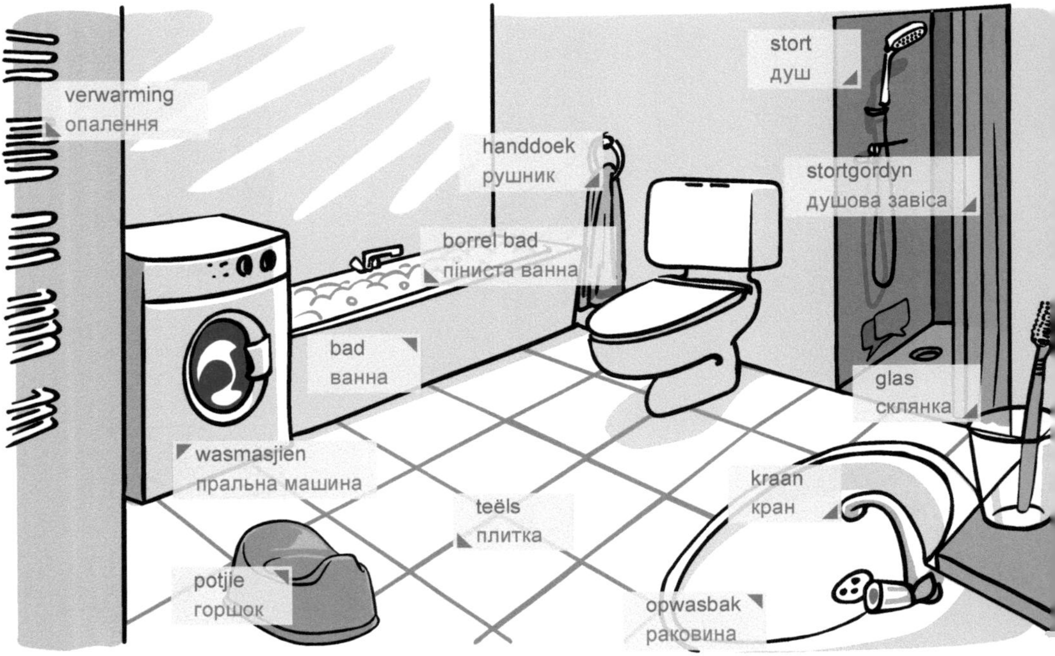
verwarming
опалення
stort
душ
handdoek
рушник
stortgordyn
душова завіса
borrel bad
шниста ванна
bad
ванна
glas
склянка
wasmasjien
пральна машина
kraan
кран
teëls
плитка
potjie
горшок
opwasbak
раковина

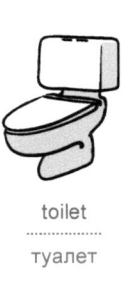

toilet

туалет

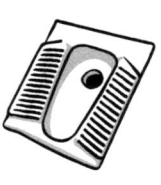

hurktoilet

підлоговий туалет

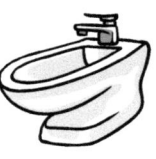

bidet

біде

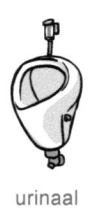

urinaal

пісуар

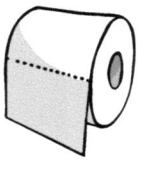

toiletpapier

туалетний папір

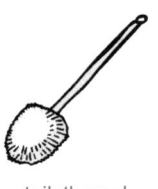

toiletborsel

щітка для туалету

tandeborsel

зубна щітка

tandepasta

зубна паста

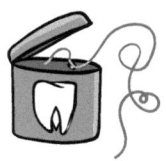

tande vlos

нитка для чищення зубів

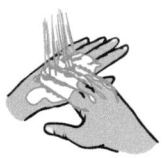

was

мити

handstort

ручний душ

stort

інтимний душ

wasbak

таз

rugkantborsel

щітка для спини

seep

мило

stortgel

гель для душу

sjampoe

шампунь

flanel

мочалка

drein

водостік

room

крем

reukweerder

дезодорант

spieël

дзеркало

spieëltjie

косметичне дзеркало

skeermes

бритва

skeerroom

піна для гоління

naskeermiddel

лосьйон після гоління

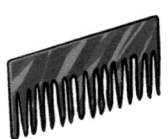

kam

гребінь

borsel

щітка

haardroër

фен

haarsproei

лак для волосся

grimmering

косметика

lipstifie

губна помада

naellak

лак для нігтів

watte

вата

naelknipper

ножиці для нігтів

parfuum

парфум

toiletsakkie

косметичка

stoel

табурет

skaal

ваги

badjas

халат

rubberhandskoene

гумові рукавички

tampon

тампон

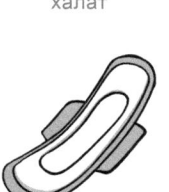

sanitêre handdoek

гігієнічні прокладки

chemiese toilet

біотуалет

kinderkamer
дитяча кімната

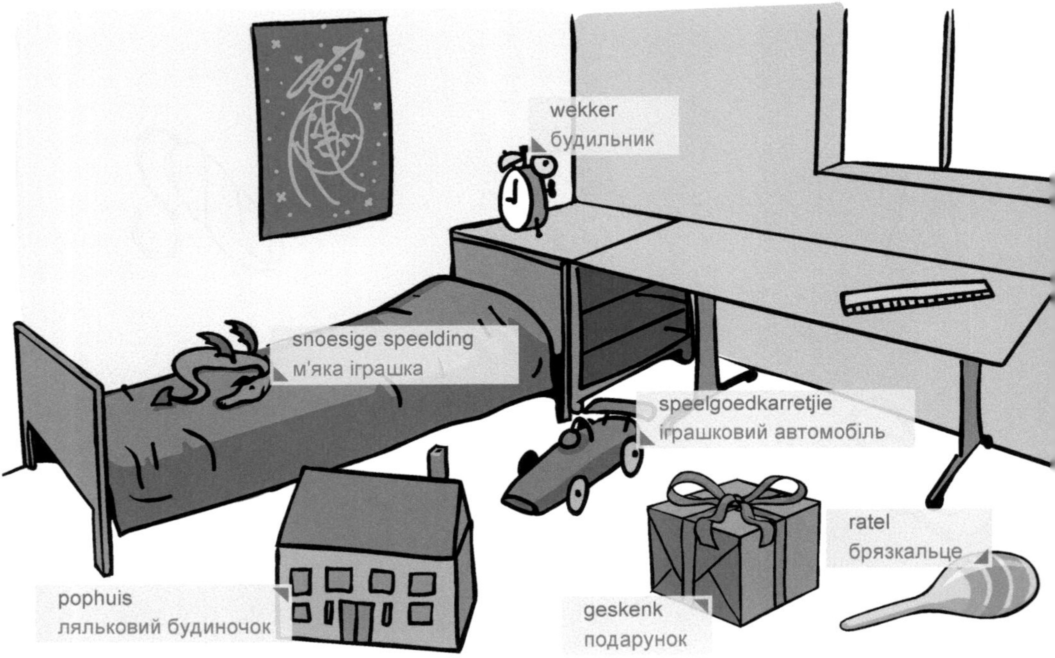

wekker
будильник
snoesige speelding
м'яка іграшка
speelgoedkarretjie
іграшковий автомобіль
ratel
брязкальце
pophuis
ляльковий будиночок
geskenk
подарунок

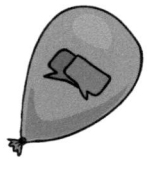

ballon
....
повітряна кулька

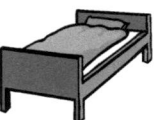

bed
....
ліжко

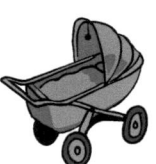

stootwaentjie
....
дитячий візок

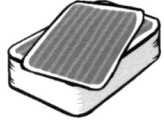

kaartespel
....
картярська гра

legkaart
....
пазл

SUPER
MEGA

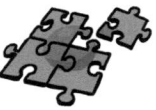

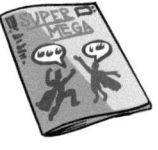

tekenprent
....
комікс

lego-blokkies

лего цеглинки

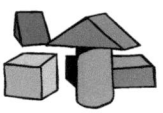

speelgoedblokke

блоки

animasieheld

іграшкова фігурка

groeipakkie

повзунки

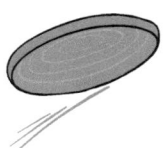

frisbee

фризбі

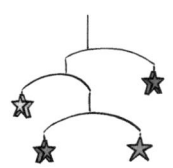

mobile

мобіле

bordspeletjie

настільна гра

dobbelsteen

кубик

model trein stel

модель залізнична станція

fopspeen

соска

partytjie

вечірка

prenteboek

книжка з картинками

bal

м'яч

pop

лялька

speel

грати

sandput

пісочниця

swaai

гойдалка

speelgoed

іграшка

videospeletjie-konsole

гральна консоль

driewiel

триколісний велосипед

teddiebeer

плюшевий мішка

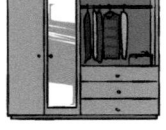

klerekas

шафа

klere

одяг

sokkies

шкарпетки

kouse

панчохи

broekiekouse

колготки

serp
шарф

belt
ремінь

sambreel
парасоля

t-hemp
футболка

skoene
чоботи

pantoffels
домашнє взуття

tekkies
кросівки

sandale
сандалі

skoene
взуття

rubber stewels
гумові чоботи

onderbroek
труси

bra
бюстгальтер

onderbaadjie
нижня сорочка

liggaam

боді

broek

штани

jeans

джинси

romp

спідниця

bloes

блузка

hemp

сорочка

oortrektrui

пуловер

oortrektrui

светр

baadjie

піджак

baadjie

куртка

jas

пальто

reënjas

дощовик

kostuum

костюм

rok

сукня

trourok

весільна сукня

pak

костюм

nagrok

нічна сорочка

pajamas

піжама

sari

carі

kopdoek

головна хустка

tulband

чалма

burqa

бурка

kaftan

кафтан

abaya

абая

swembroek

купальник

swembroek

плавки

kortbroek

шорти

sweetpak

тренувальний костюм

voorskoot

фартух

handskoene

рукавички

knoppie

гудзик

bril

окуляри

armband

браслет

halssnoer

ланцюг

ring

кільце

oorbel

сережка

pet

шапка

klerehanger

плічка

hoed

капелюх

das

краватка

rits

застібка-блискавка

helmet

шолом

draadjies

підтяжки

skooluniform

шкільна форма

uniform

уніформа

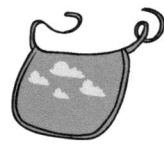

bib

нагрудник

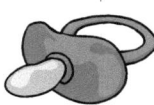

fopspeen

соска

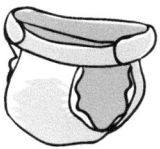

doek

підгузок

kantoor

офіс

bediener
сервер
liasseerkabinet
шаф для документів
drukker
принтер
papier
папір
skerm
монітор
lessenaar
письмовий стіл
muis
миша
leêr
папка
sleutelbord
синтезатор
vullisdrom
кошик для паперу
rekenaar
комп'ютер
stoel
стілець

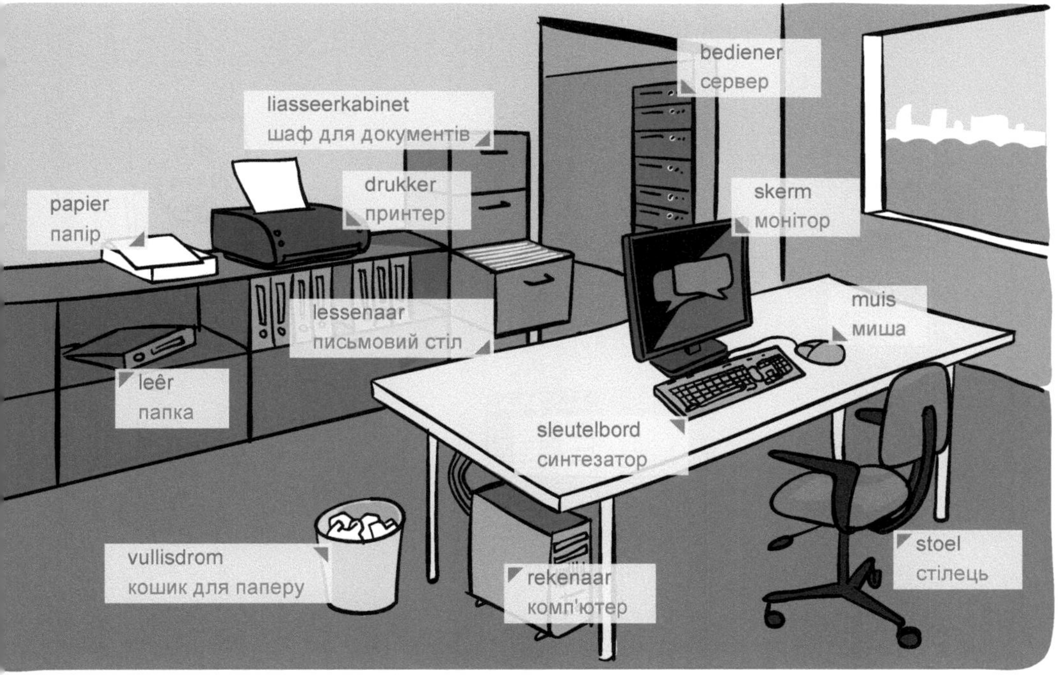

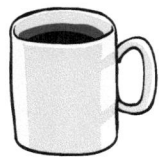

koffiebeker

кавовий кухоль

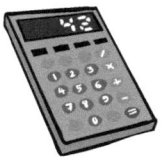

sakrekenaar

калькулятор

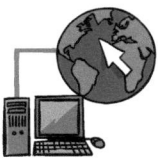

internet

інтернет

skootrekenaar

ноутбук

brief

лист

boodskap

повідомлення

selfoon

мобільний телефон

netwerk

мережа

fotostaatmasjien

копіювальний пристрій

sagteware

програмне забезпечення

telefoon

телефон

muurprop

розетка

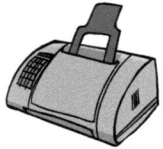

faksmasjien

факс

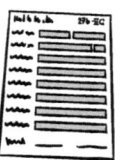

vorm

бланк

dokument

документ

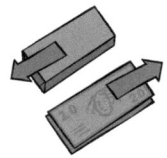

koop

купувати

betaal

платити

besigheid doen

торгувати

geld

гроші

USD

dollar

долар

EUR

euro

євро

JPY

yen

ієна

RUB

roebel

рубль

CHF

switserse frank

франк

CNY

renminbi yuan

юанів женьміньбі

INR

rupee

рупія

kontantteller (ATM)

банкомат

bureau de change

обмінний пункт

goud

золото

silwer

срібло

olie

нафта

energie

енергія

prys

ціна

kontrak

контракт

belasting

податок

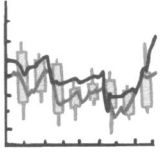

aandele

акція

werk

працювати

werknemer

працівник

werkgewer

роботодавець

fabriek

фабрика

winkel

магазин

beroepe
професії

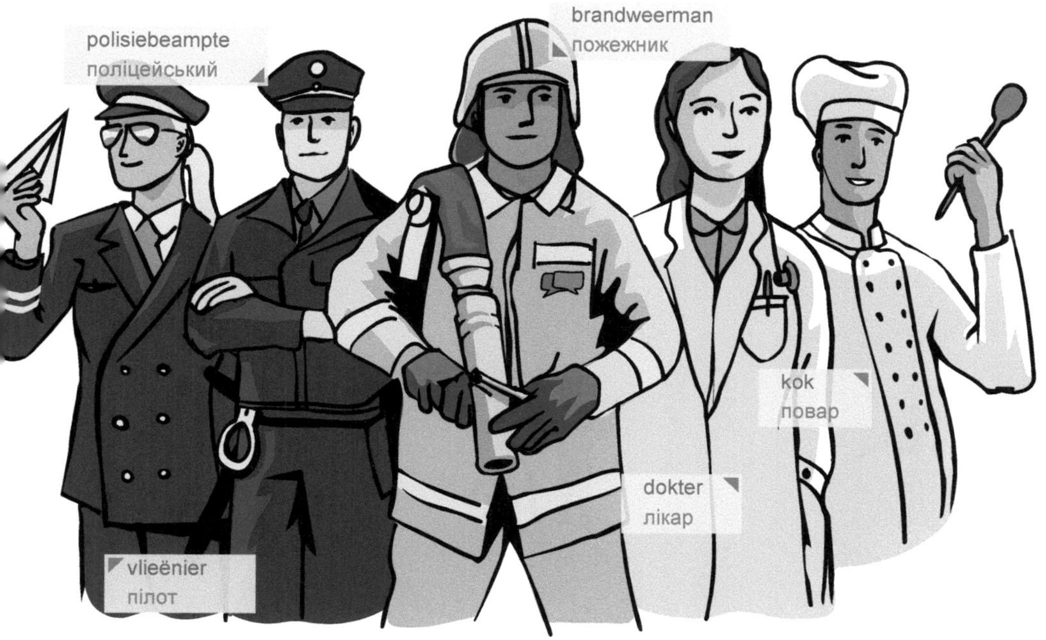
polisiebeampte
поліцейський
brandweerman
пожежник
kok
повар
dokter
лікар
vlieënier
пілот

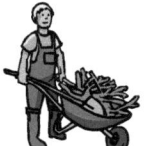

tuinier

садівник

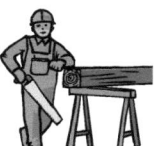

timmerman

столяр

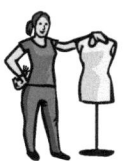

naaldwerkster

швачка

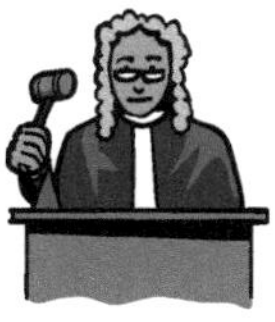

regter

суддя

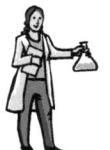

chemikus

хімік

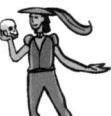

akteur

актор

busbestuurder

водій автобуса

taxibestuurder

таксист

visserman

рибалка

skoonmaakvrou

прибиральниця

dakwerker

покрівельник

kelner

офіціант

jagter

мисливець

skilder

художник

bakker

пекар

elektrisiën

електрик

bouer

будівельник

ingenieur

інженер

slagter

забійник

loodgieter

бляхар

posman

листоноша

soldaat

солдат

argitek

архітектор

kassier

касир

bloemiste

флорист

haarkapper

перукар

kondukteur

кондуктор

werktuigkundige

механік

kaptein

капітан

tandarts

дантист

wetenskaplike

вчений

rabbi

рабин

imam

імам

monnik

монах

predikant

пастор

gereedskap
інструменти

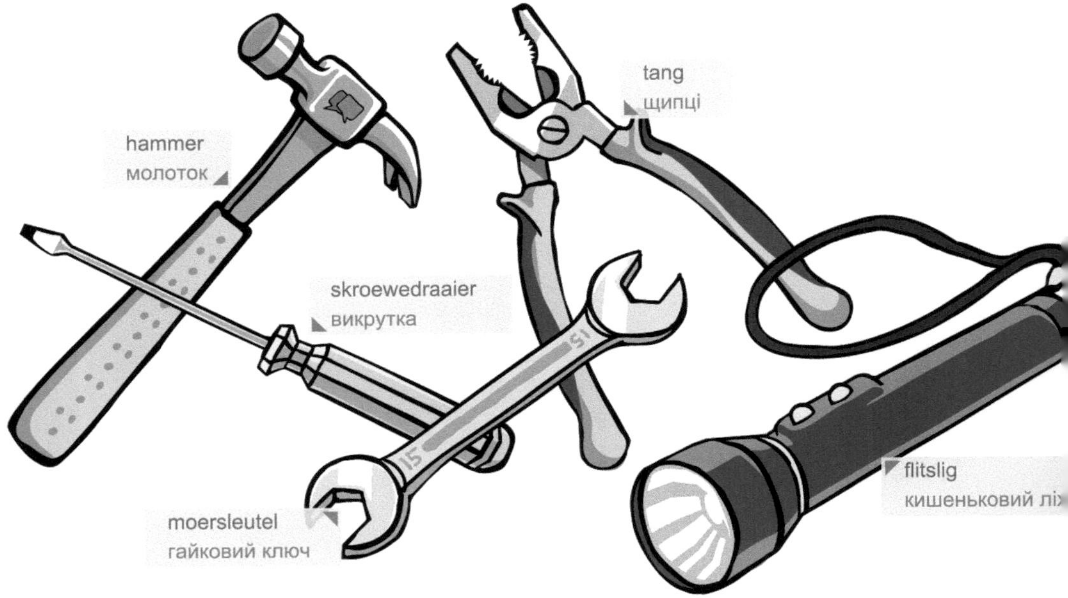
hammer
молоток
tang
щипці
skroewedraaier
викрутка
flitslig
кишеньковий лі
moersleutel
гайковий ключ

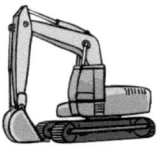

graaftoestel

екскаватор

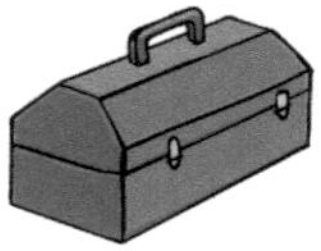

gereedskapskis

ящик для інструментів

leer

драбина

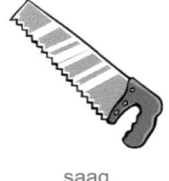

saag

пилка

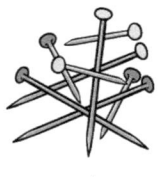

naels

цвяхи

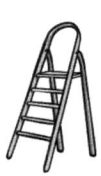

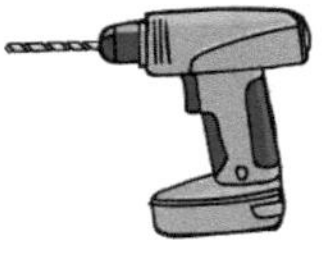

boor

свердло

regmaak

ремонтувати

graaf

лопата

verdomp!

лайно!

skoppie

совок

verfpot

відро з фарбою

skroewe

гвинти

musiekinstrumente
музичні інструменти

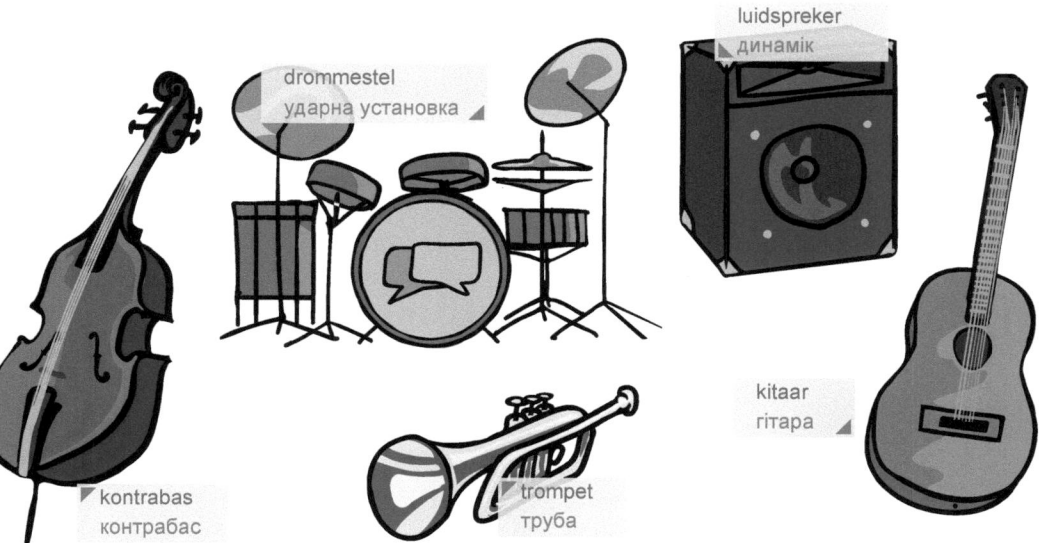

luidspreker
динамік

drommestel
ударна установка

kitaar
гітара

kontrabas
контрабас

trompet
труба

klavier

фортепіано

viool

скрипка

bas

бас

keteltrom

литаври

dromme

барабан

sleutelbord

клавіатура

saksofoon

саксофон

fluit

флейта

mikrofoon

мікрофон

dieretuin
зоопарк

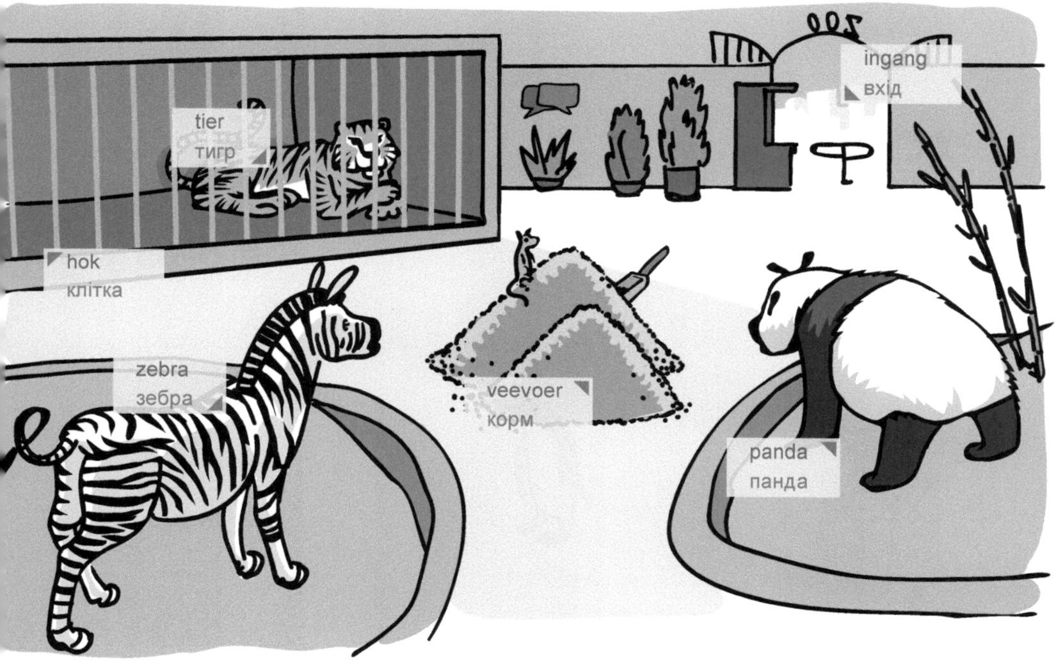
ingang
вхід
tier
тигр
hok
клітка
zebra
зебра
veevoer
корм
panda
панда

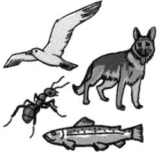

diere

тварини

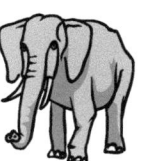

olifant

слон

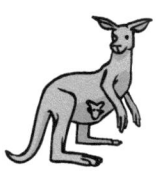

kangaroo

кенгуру

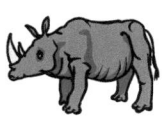

renoster

носоріг

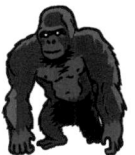

gorilla

горила

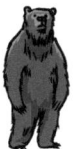

beer

ведмідь

kameel

верблюд

volstruis

страус

leeu

лев

aap

мавпа

flamink

фламінго

papegaai

папуга

ysbeer

білий ведмідь

pikkewyn

пінгвін

haai

акула

pou

павич

slang

змія

krokodil

крокодил

dieretuinopsigter

працівник зоопарку

rob

тюлень

jaguar

ягуар

ponie

поні

luiperd

леопард

seekoei

гіпопотам

kameelperd

жираф

arend

орел

wildevark

кабан

vis

риба

skilpad

черепаха

walrus

морж

jakkals

лисиця

gemsbok

газель

Amerikaanse Voetbal
американський футбол

fietsry
їзда на велосипеді

tennis
теніс

basketbal
баскетбол

swem
плавання

boks
бокс

ys-hokkie
хокей

sokker
футбол

pluimbal
бадмінтон

atletiek
легка атлетика

handbal
гандбол

ski
лижні перегони

polo
поло

spring
стрибати

lag
сміятися

drukkie
обіймати

loop
йти

sing
співати

droom
мріяти

bid
молитися

soen
цілувати

skryf
писати

teken
малювати

show
показувати

druk
тиснути

gee
давати

neem
брати

het

мати

doen

робити

wees

бути

staan

стояти

hardloop

бігати

trek

тягнути

gooi

кидати

val

падати

jok

лежати

wag

очікувати

dra

носити

sit

сидіти

aantrek

одягати

slaap

спати

wakker word

просипатися

kyk na
дивитися

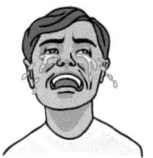

huil
плакати

streel
гладити

kam
розчісувати

praat
розмовляти

verstaan
розуміти

vra
питати

luister
слухати

drink
пити

eet
їсти

opruim
прибирати

liefhê
любити

kook
варити

ry
їхати

vlieg
літати

seil

йти під вітрилом

bereken

рахувати

lees

читати

leer

вчитися

werk

працювати

trou

одружуватися

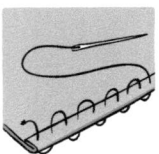

naai

шити

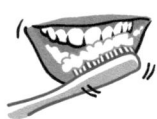

tande borsel

чистити зуби

doodmaak

убивати

rook

курити

stuur

посилати

ouma
бабуся

oupa
дідуся

pa
батько

ma
мати

baba
немовля

dogter
донька

seun
син

gas

гість

tannie

тітка

oom

дядько

broer

брат

suster

сестра

liggaam

тіло

voorkop
чоло
oog
око
skouer
плече
vinger
палець
gesig
обличчя
ken
підборіддя
hand
кисть
been
нога
bors
груди
arm
рука

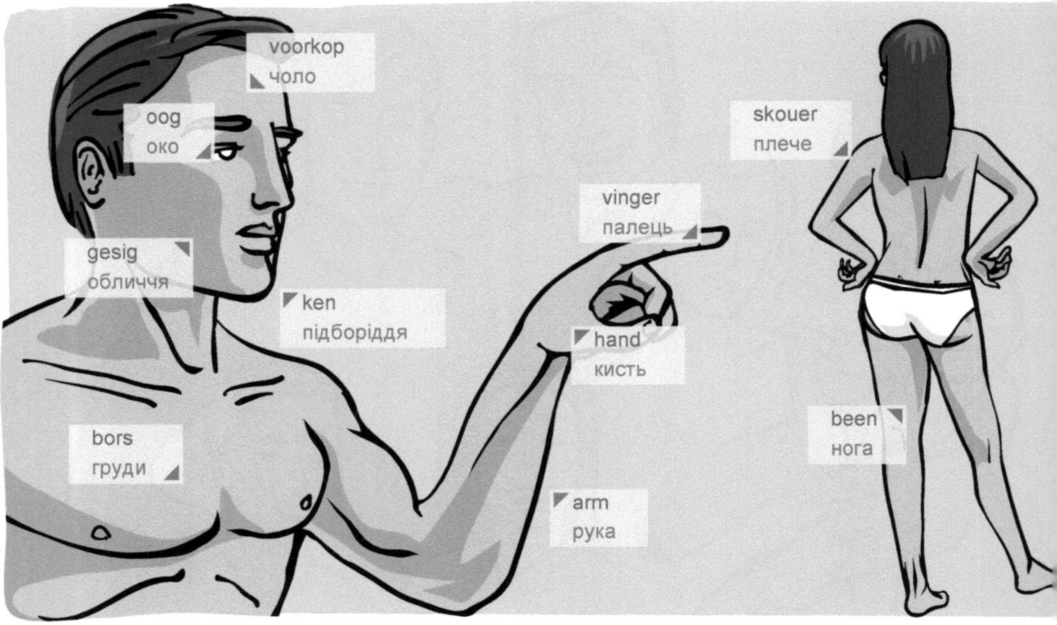

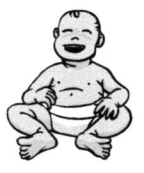

baba

немовля

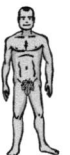

man

чоловік

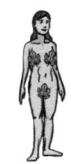

vrou

жінка

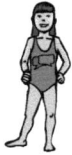

meisie

дівчина

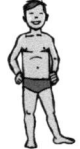

seun

хлопчик

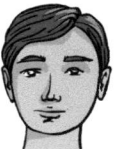

kop

голова

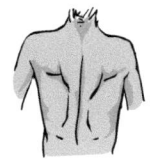

rug

спина

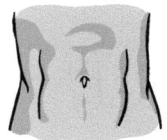

buik

живіт

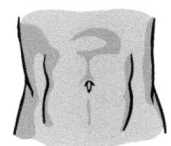

naelstring

пуп

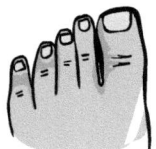

toon

палець ноги

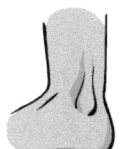

hak

п'ята

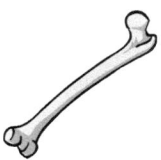

been

кістка

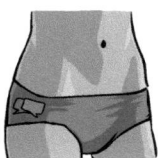

heup

стегно

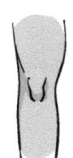

knie

коліно

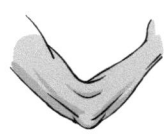

elmboog

лікоть

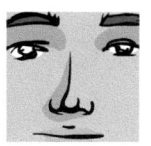

neus

ніс

boude

сідниці

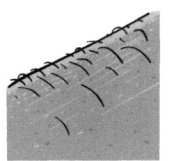

vel

шкіра

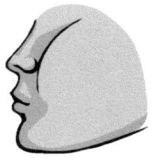

wang

щока

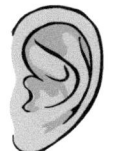

oor

вухо

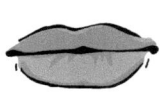

lippe

губа

mond

рот

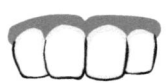

tand

зуб

tong

язик

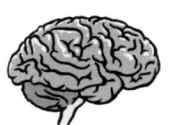

brein

мозок

hart

серце

spiere

м'яз

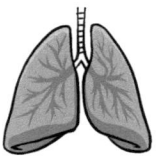

long

легені

lewer

печінка

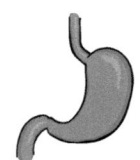

maag

шлунок

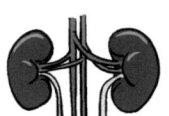

niere

нирки

seks

статевий акт

kondoom

презерватив

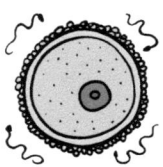

eierstok

яйцеклітина

semen

сперма

swangerskap

вагітність

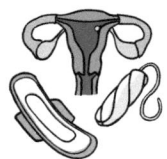

menstruasie

менструація

vagina

вагіна

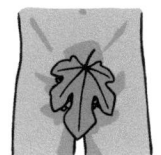

penis

пеніс

wenkbrou

брова

hare

волосся

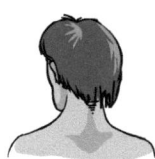

nek

шия

hospitaal
лікарня

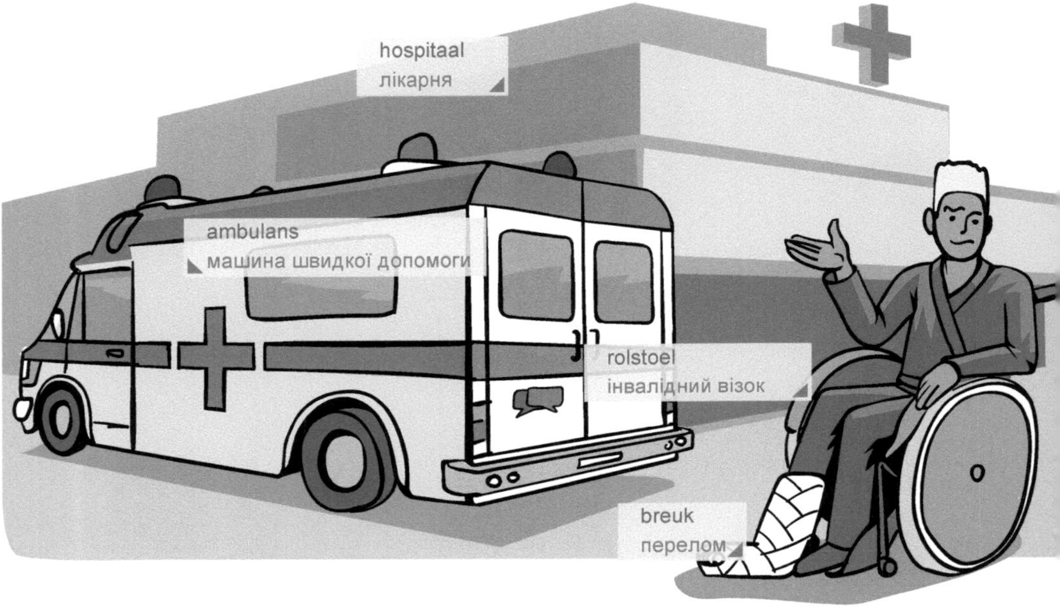

hospitaal
лікарня
ambulans
машина швидкої допомоги
rolstoel
інвалідний візок
breuk
перелом

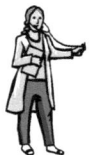

dokter

лікар

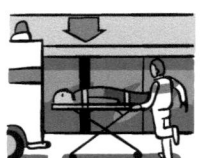

ongevalle

відділення швидкої медичної допомоги

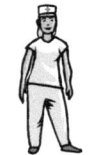

verpleegster

медсестра

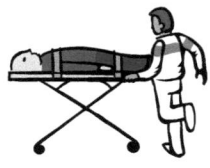

noodgeval

аварійний випадок

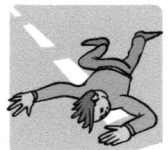

bewusteloos

непритомний

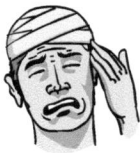

pyn

біль

besering

травма

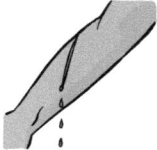

bloeding

кровотеча

hartaanval

інфаркт

beroerte

інсульт

allergie

алергія

hoes

кашель

koors

лихоманка

griep

грип

diarree

пронос

hoofpyn

головна біль

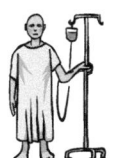

kanker

рак

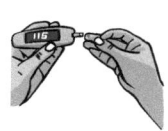

diabetes

діабет

chirurg

хірург

skalpel

скальпель

operasie

операція

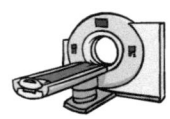

CT
КТ

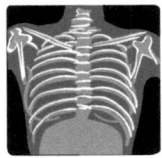

X-straal
рентген

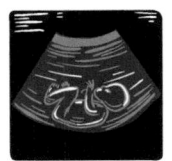

ultraklank
ультразвук

gesigmasker
маска

siekte
хвороба

wagkamer
зал очікування

kruk
милиця

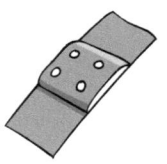

gips
пластир

verband
пов'язка

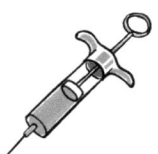

inspuiting
ін'єкція

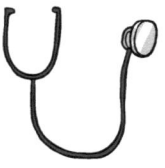

stetoskoop
стетоскоп

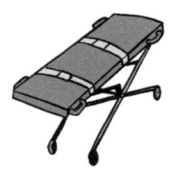

draagbaar
ноші

kliniese termometer
термометр

geboorte
народження

oorgewig
надмірна вага

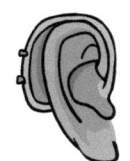

gehoorapparaat

слуховий апарат

ontsmettingsmiddel

дезінфікуючий засіб

infeksie

інфекція

virus

вірус

MIV / vigs

ВІЛ / СНІД

medisyne

медицина

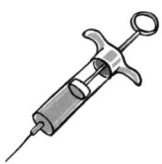

inenting

вакцинація

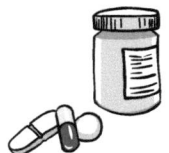

tablette

таблетки

pil

протизаплідна пігулка

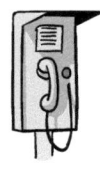

noodoproep

екстрений виклик

blooddrukmonitor

тонометр

siek / gesond

хворий / здоровий

Help!

Допоможіть!

alarm

сигнал тривоги

aanranding

напад

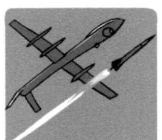

aanval

атака

gevaar

небезпека

nooduitgang

аварійний вихід

Brand!

Вогонь!

brandblusser

вогнегасник

ongeluk

аварія

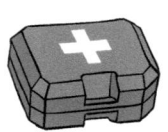

noodhulpkissie

аптечка

SOS

СОС

polisie

поліція

Europa

Європа

Noord-Amerika

Північна Америка

Suid-Amerika

Південна Америка

Afrika

Африка

Asië

Азія

Australië

Австралія

Atlantiese Oseaan

Атлантика

Stille Oseaan

Тихий океан

Indiese Oseaan

Індійський океан

Antarktiese Oseaan

Антарктичний океан

Arktiese Oseaan

Північний Льодовитий
океан

Noordpool

Північний полюс

Suidpool

Південний полюс

Antarktika

Антарктика

aarde

Земля

land

суша

see

море

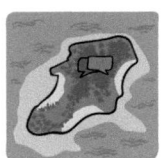

eiland

острів

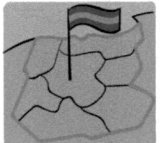

nasie

нація

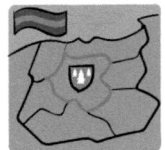

staat

держава

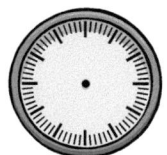

horlosie

циферблат

uur-aanwyser

годинникова стрілка

minuut-aanwyser

хвилинна стрілка

sekonde-aanwyser

секундна стрілка

Hoe laat is dit?

Котра година?

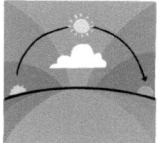

dag

день

tyd

час

nou

зараз

digitale horlosie

цифровий годинник

minuut

хвилина

uur

година

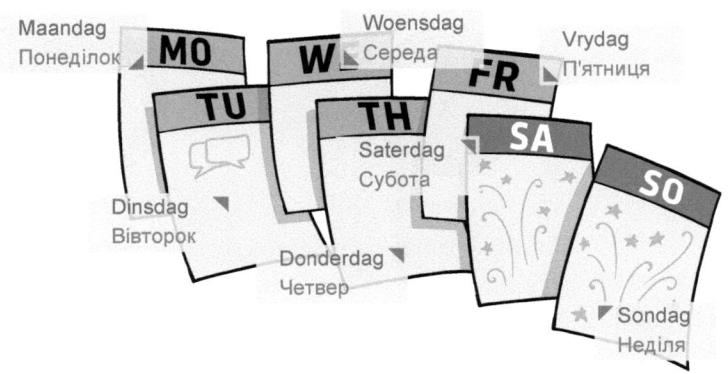

Maandag / Понеділок
Woensdag / Середа
Vrydag / П'ятниця
Dinsdag / Вівторок
Saterdag / Субота
Donderdag / Четвер
Sondag / Неділя

gister

вчора

vandag

сьогодні

môre

завтра

oggend

ранок

middag

опівдні

aand

вечір

MO	TU	WE	TH	FR	SA	SU
1	2	3	4	5	6	7
8	9	10	11	12	13	14
15	16	17	18	19	20	21
22	23	24	25	26	27	28
29	30	31	1	2	3	4

werksdae

робочі дні

naweek

кінець робочого тижня

jaar
рік

reën
дощ
reënboog
веселка
wind
вітер
sneeu
сніг
lente
весна
Herfs
осінь
somer
літо
winter
зима

4.APRIL 11°
5.APRIL 4°
6.APRIL 13°
7.APRIL 8°
8.APRIL 10°

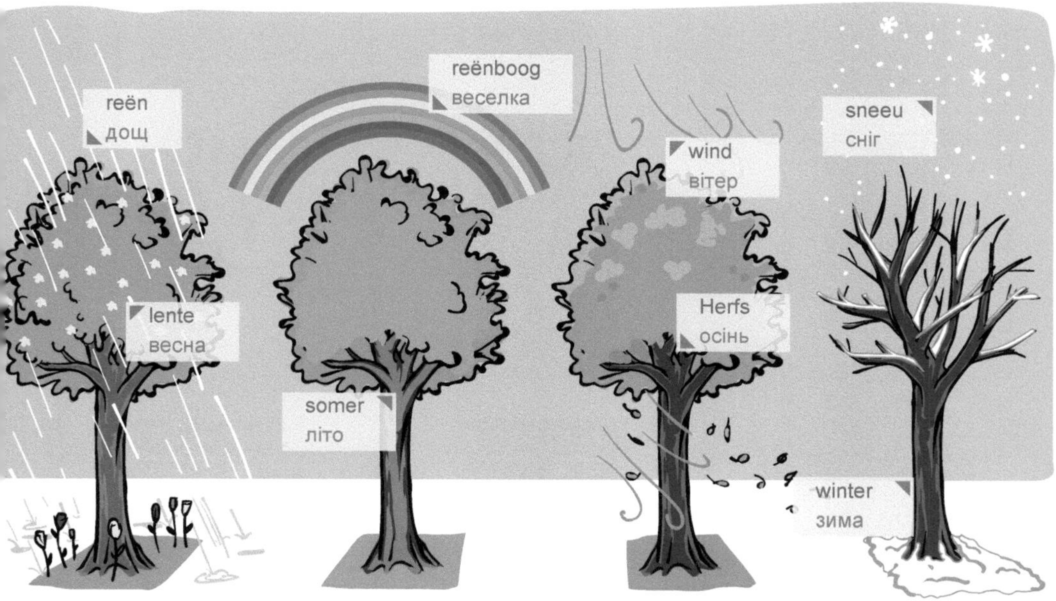

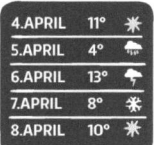

weervoorspelling

прогноз погоди

F C
120 40
90 30
60 20
30 10
0 0
-30 -10
-20

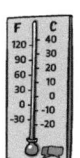

termometer

термометр

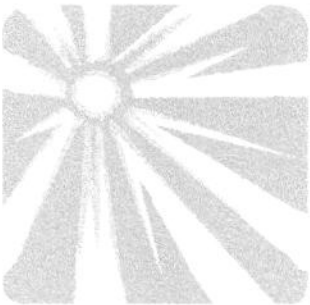

sonskyn

сонячне світло

wolk

хмара

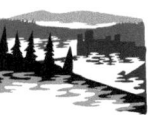

mis

туман

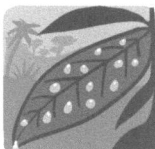

humiditeit

вологість повітря

weerlig

блискавка

donderweer

грім

storm

шторм

hael

град

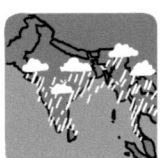

reënseisoen

мусон

vloed

повінь

ys

лід

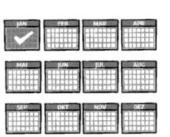

Januarie

Січень

Februarie

Лютий

Maart

Березень

April

Квітень

Mei

Травень

Junie

Червень

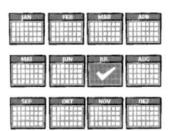

Julie

Липень

Augustus

Серпень

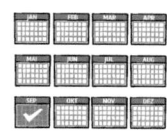

September
....
Вересень

Oktober
....
Жовтень

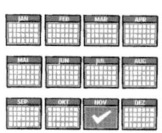

November
....
Листопад

Desember
....
Грудень

vorms
форми

sirkel
....
круг

vierkant
....
квадрат

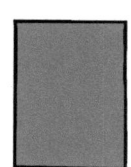

reghoek
....
прямокутник

driehoek
....
трикутник

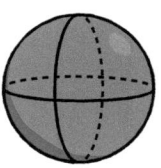

gebied
....
куля

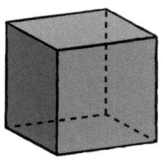

kubus
....
куб

wit

білий

geel

жовтий

oranje

помаранчевий

pink

рожевий

rooi

червоний

pers

фіолетовий

blou

синій

groen

зелений

bruin

коричневий

grys

сірий

swart

чорний

'n baie / 'n bietjie

багато / мало

kwaad / kalm

лютий / мирний

pragtig / lelik

гарний / бридкий

begin / einde

початок / кінець

groot / klein

великий / малий

helder / donker

світлий / темний

broer / suster

брат / сестра

skoon / vuil

чистий / брудний

volledige / onvolledige

завершений /
незавершений

dag / nag

день / ніч

dood / lewendig

мертвий / живий

wyd / smal

широкий / вузький

eetbare / oneetbaar

їстівний / неїстівний

kwaad / vriendelik

злий / дружній

opgewonde / verveeld

збуджений / нудьгуючий

vet / maer

товстий / тонкий

eerste / laaste

спочатку / востаннє

vriend / vyand

друг / ворог

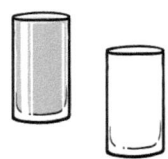

vol / leeg

повний / порожній

hard / sag

жорсткий / м'який

swaar / lig

важкий / легкий

honger / dors

голод / спрага

siek / gesond

хворий / здоровий

onwettige / wettige

незаконний / законний

slim / dom

розумний / дурний

links / regs

вліво / вправо

naby / vêr

поруч / далеко

nuut / tweedehands

новий / використаний

niks / iets

нічого / щось

oud / jonk

старий / молодий

aan / af

вкл / викл

oop / toe

відкрито / закрито

stil / lawaaierig

тихо / гучно

ryk / arm

багатий / бідний

reg / verkeerd

правильно / неправильно

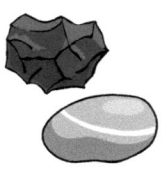

grof / glad

шорсткий / гладкий

hartseer / gelukkig

сумний / щасливий

kort / lank

короткий / довгий

stadig / vinnig

повільно / швидко

nat / droog

вологий / сухий

warm / koel

гарячий / холодний

oorlog / vrede

війна / мир

0	**1**	**2**
nul	een	twee
нуль	один	два

3	**4**	**5**
drie	vier	vyf
три	чотири	п'ять

6	**7**	**8**
ses	sewe	agt
шість	сім	вісім

9	**10**	**11**
nege	tien	elf
дев'ять	десять	одинадцять

12

twaalf

дванадцять

13

dertien

тринадцять

14

veertien

чотирнадцять

15

vyftien

п'ятнадцять

16

sestien

шістнадцять

17

sewentien

сімнадцять

18

agtien

вісімнадцять

19

negentien

дев'ятнадцять

20

twintig

двадцять

100

honderd

сто

1.000

duisend

тисяча

1.000.000

miljoen

мільйон

Engels

англійська

Amerikaanse Engels

американська англійська

Mandaryns

китайська
високочиновницька

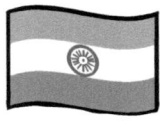

Hindi

хінді

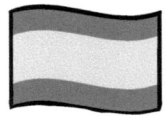

Spaans

іспанська

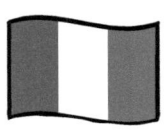

Frans

французька

Arabies

арабська

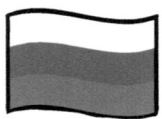

Russies

російська

Portugees

португальська

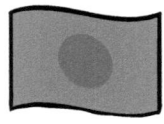

Bengaals

бенгальська

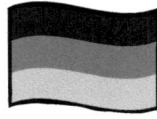

Duits

німецька

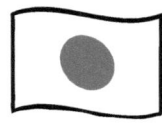

Japanees

японська

Ek

я

jy

ти

hy / sy / dit

він / вона / воно

ons

ми

julle

ви

hulle

вони

wie?

хто?

wat?

що?

hoe?

як?

waar?

де?

wanneer?

коли?

naam

ім'я

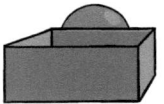

agter

ззаду

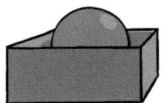

in

в

voor

перед

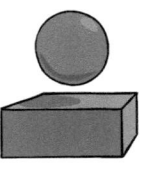

oor

над

bo-op

на

onder

під

langs

біля

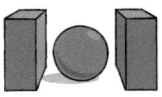

tussen

між

plek

місце